¡Listos!
Elementary Spanish

¡Bienvenidos a mi clase!

por Señora Dávila

How to use the book

¡Listos! means Ready   Clever   Bright   Smart   Sharp   Intelligent

Listos means so many good things in Spanish. Children are excited and ready to learn Spanish when they are young. It's fun and it's time to play and talk with friends. It's what we want for all our students who are learning a second language and that is what this book provides.

¡Listos! Elementary Spanish Violet is the first book in the series and is packed with basic vocabulary. This level is all about speaking and recognizing nouns. Spanish is a phonetic language, so students also learn quickly to read and use the vocabulary. Through conversation, practice and play, students increase their understanding of the language rapidly. This book provides them with what they need to learn at the appropriate time.

This book is meant to be used in a lively setting (home or classroom) full of toys, dress-up clothes and Spanish books where students can practice this vocabulary orally and get excited about Spanish. Students who also have access to a computer, iPad and/ or device will benefit and show rapid progress. Go to listosonline.com for more information.

Acknowledgements

Thank you to my family and friends who are always willing to help and put a smile on my face. A big thank you to Ricardo, Miriam and Julia for their good eyes and attention to detail.

Credits

Author: Laura Dávila

Editors: Miriam Dávila and Julia Davila

Cover Design: Ricardo Dávila

Images: Envato Elements and Graphics Factory.com

Copyright

Copyright © 2017-2020 Bingewatch LLC
All rights reserved.
No part of this publication may be photocopied, reproduced, recorded, stored electronically or transmitted in any manner, without prior permission in writing from the publisher.

Bingewatch LLC

listosonline.com

Images used in this book are licensed from Envato Elements and © Graphics Factory.com

Tabla de Contenido

¡Hola! **5**
   Hi / Hello *5*

Español **6**
   Spanish *6*

Las Acciones **7**
   Actions *7*

Las Vocales **8**
   Vowels *8*

Hola / Adiós **9**
   Hello / Goodbye *9*

¿Cómo te llamas? **10**
   What's your name? *10*

¿Quién soy yo? **11**
   Who am I? *11*

Sí o No **12**
   Yes or No *12*

¿Cómo estás? **13**
   How are you? *13*

El Verano **14**
   Summer *14*

Rojo **15**
   Red *15*

Levántate y Siéntate **16**
   Stand up and Sit down *16*

Azul **17**
   Blue *17*

Izquierda / Derecha **18**
   Left / Right *18*

Pequeño, Mediano, Grande **19**
   Small, Medium, Large (Big) *19*

Morado **20**
   Purple *20*

Verde **21**
   Green *21*

¿Qué es? **22**
   What is it? *22*

Es ___. **23**
   It is _____. *23*

Los Números 1 - 10 .... **24**
   Numbers 1 – 10 .... *24*

El Cuerpo **25**
   Body *25*

Amarillo **26**
   Yellow *26*

Niño / Niña **27**
   Boy / Girl *27*

Blanco y Negro **28**
   White and Black *28*

Anaranjado **29**
   Orange *29*

¿Qué color es? **30**
   What color is it? *30*

Abre / Cierra **31**
   Open / Close *31*

Café **32**
   Brown *32*

El Otoño **33**
   Autumn / Fall *33*

Me gusta **34**
   I like *34*

Los Colores **35**
   Colors *35*

¡Listos! Elementary Spanish

Feliz Cumpleaños 36	**Las Bebidas** 50
Happy Birthday 36	*Drinks* 50
Los Osos 37	**Mi Familia** 51
Bears 37	*My Family* 51
La Comida 38	**La Semana** 52
Food 38	*Week* 52
Gracias / De Nada 39	**Tengo hambre** 53
Thank you / You're Welcome 39	*I'm hungry* 53
Medios de Transporte 40	**Tengo sed** 54
Transportation 40	*I'm thirsty.* 54
Rápido y Lento 41	**Buenos Días / Buenas Noches** 55
Fast and Slow 41	*Good Morning / Goodnight* 55
El Invierno 42	**La Primavera** 56
Winter 42	*Spring* 56
Los Juguetes 43	**Las Estaciones** 57
Toys 43	*Seasons* 57
Quiero 44	**La Casa** 58
I want 44	*House* 58
¿Qué tiempo hace? 45	**Puedo / No Puedo** 59
What's the weather like? 45	*I can / I can't* 59
La Ropa 46	**¿Comida o Bebida?** 60
Clothes 46	*Food or Drink?* 60
La Escuela 47	**Vamos a jugar** 61
School 47	*Let's play* 61
El Salón de Clase 48	**Vocabulario en Orden Alfabético** 62
Classroom 48	*Vocabulary in Alphabetical Order* 62
Escribe, lee, corta, pinta y dibuja. 49	**Vocabulario en inglés al español** 65
Write, read, cut, color and draw 49	*English to Spanish Vocabulary* 65
	Mis Palabras Favoritas 68
	My Favorite Words 68

¡Hola!
Hi / Hello

Conversación	
Persona A	Persona B
Hola	Hola
¿Cómo estás?	Bien. ¿Y tú?
Muy bien, gracias.	

¡Listos! Elementary Spanish

Español
Spanish

> Spanish is a language that people speak. Use the sayings below to get help from your teacher.

¿Cómo se dice ____?

How do you say ____?

¿Qué significa____?

What does ____ mean?

¿Qué es esto?

What is this?

¿Qué es?

What is it?

Las Acciones
Actions

aplaude – clap
baila – dance
baja – lower
camina – walk
corre – run
da la vuelta – turn
escucha – listen
habla - talk
lava – wash
lee – read
levanta – raise
limpia todo – clean up everything
mira – look
muéstrame – show me
muévete – move
pon – put
practica – practice
repite – repeat
saca – take out
salta / brinca – jump
silencio – silence
tráeme – bring me

Las Vocales
Vowels

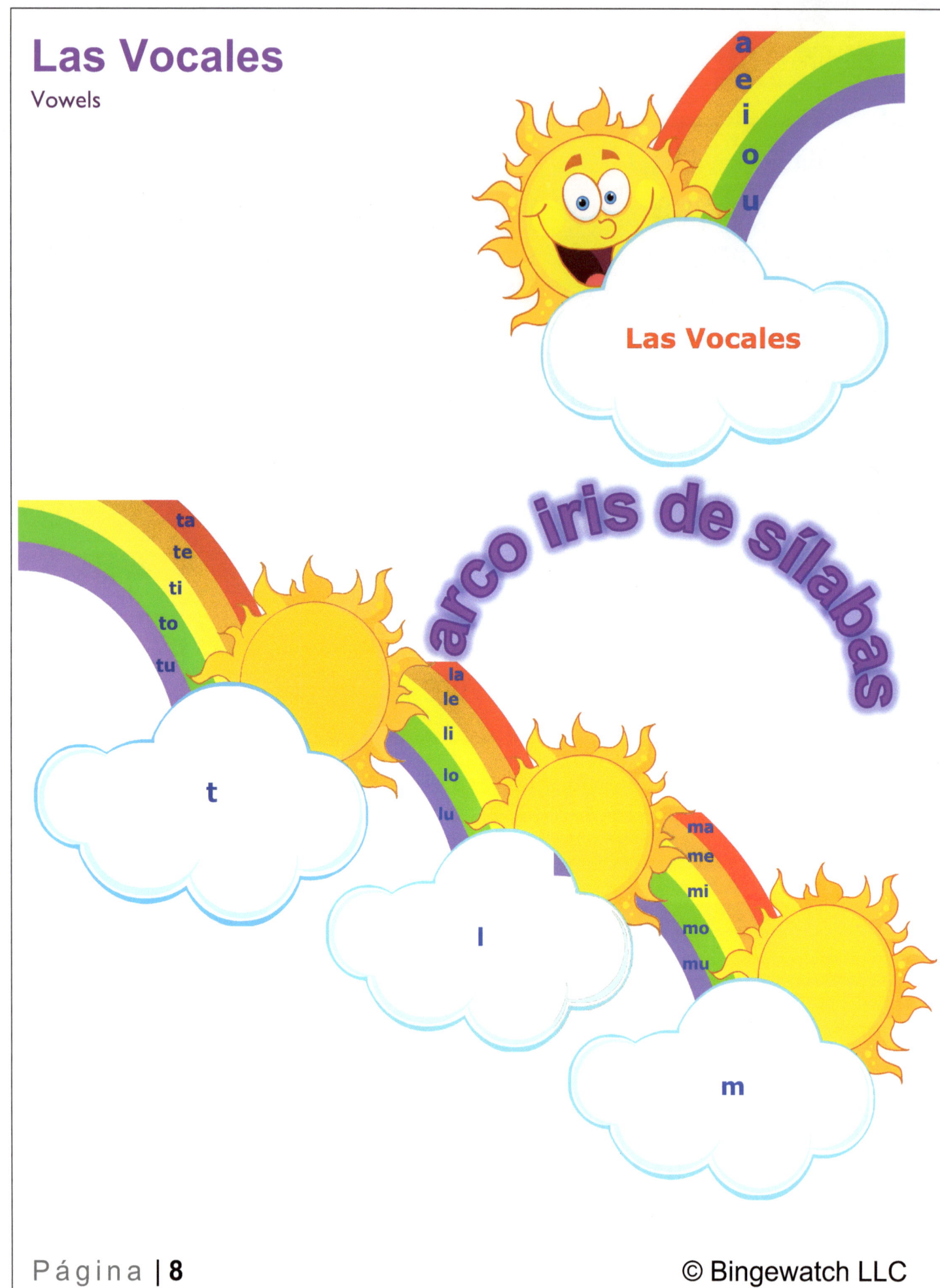

Hola / Adiós
Hello / Goodbye

¿Cómo te llamas?
What's your name?

Me llamo Julia.

Me llamo Ana.

Me llamo Roberto.

Me llamo Juan.

Me llamo Sara.

Me llamo Hector.

¿Quién soy yo?
Who am I?

Draw a picture of yourself and write your name in Spanish.

¡Listos! Elementary Spanish

Sí o No
Yes or No

¿Se llama Ana?

¿Se llama Miguel?

¿Se llama Hector?

¿Se llama Julia?

¿Cómo estás?
How are you?

bien

más o menos

mal

Estoy _____.

Practica con tu compañero.

¡Listos! Elementary Spanish

El Verano
Summer

Hace calor en el verano.

Encierra en un círculo. –
Circle what you do in the summer.

¿Qué haces en el verano?

jugar deportes

escuchar música

nadar

leer

estudiar

Ir de vacaciones

Rojo
Red

Encierra en un círculo las frutas rojas.

Levántate y Siéntate
Stand up and Sit down

Escribe la palabra.

Azul
Blue

La paleta es

El paraguas es

Los globos son

Las botellas son

¡Listos! Elementary Spanish

Izquierda / Derecha
Left / Right

Dibuja.

Pequeño, Mediano, Grande
Small, Medium, Large (Big)

El regalo mediano es _____

El regalo grande es _____

El regalo pequeño es _____

Morado
Purple

¿Qué color es? Es _____

Verde
Green

Pon un 🟩 🟦 🔺 🟢 ⭐ 🔷 🟠

¿Qué es?
What is it?

Es un globo.

Es el bote de reciclaje.

Es un carro.

Es un crayón.

Es un dado.

Es ___.
It is _____.

Es una _____

Es una _____

Es una _____

Es un _____

¡Listos! Elementary Spanish

Los Números 1 - 10
Numbers 1 – 10

1 – uno
2 – dos
3 – tres
4 – cuatro
5 – cinco
6 – seis
7 – siete
8 – ocho
9 – nueve
10 – diez

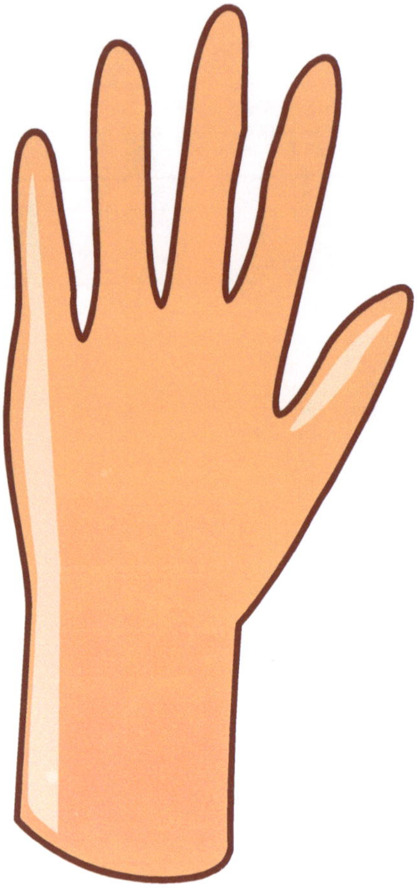

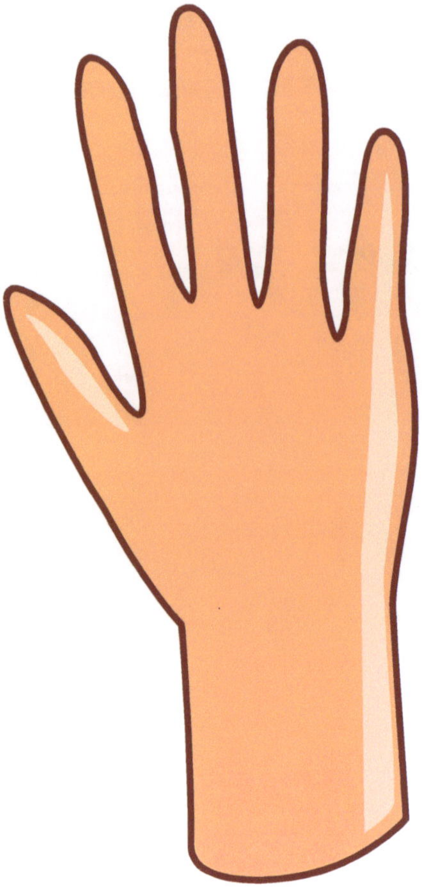

¿Qué número es?

5 _____

3 _____

Página | 24

© Bingewatch LLC

El Cuerpo
Body

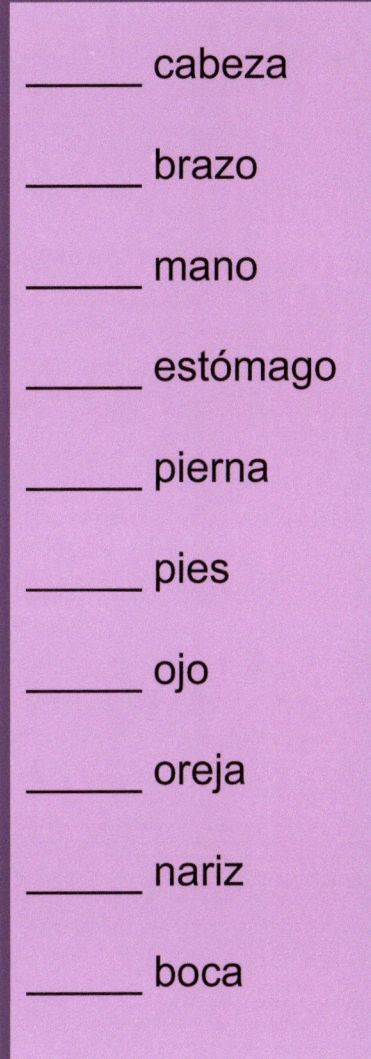

_____ cabeza

_____ brazo

_____ mano

_____ estómago

_____ pierna

_____ pies

_____ ojo

_____ oreja

_____ nariz

_____ boca

Amarillo
Yellow

El pollito es

El sol es

El plátano es

Niño / Niña
Boy / Girl

Es un _____

Es una _____

¡Listos! Elementary Spanish

Blanco y Negro
White and Black

¿Qué color es? Encierra en un círculo los objetos blancos. Subraya las cosas negras. Haz las dos cosas si es blanco y negro.

Anaranjado
Orange

Escribe la palabra.

¿Qué color es?
What color is it?

El crayón es amarillo.

El dragón es morado.

El carro es azul.

Las uvas son verdes.

La piña es anaranjada.

El sombrero es _____

Abre / Cierra
Open / Close

Café
Brown

Vamos a jugar. ¿Qué letra es?

EL CABALLO ES **CAFÉ**. EL PERRO ES CAFÉ.

LA MANTEQUILLA DE CACAHUATE ES **CAFÉ**.

EL OSO ES **CAFÉ**. LOS OSOS SON **CAFÉS**.

EL PASTEL DE CHOCOLATE ES **CAFÉ**.

Empieza Aquí.

El pájaro es rosado. ¡No es café! Pierda tu turno.

Gané

El Otoño
Autumn / Fall

Hace fresco en el otoño.

Escribe el número en español.

¿Cuántas hojas hay?

Busca un compañero. Cuenta las hojas que caen.

Me gusta
I like

Pon el número correcto.

1. andar en bicicleta
2. comer
3. jugar videojuegos
4. leer
5. nadar
6. hacer deportes

Los Colores
Colors

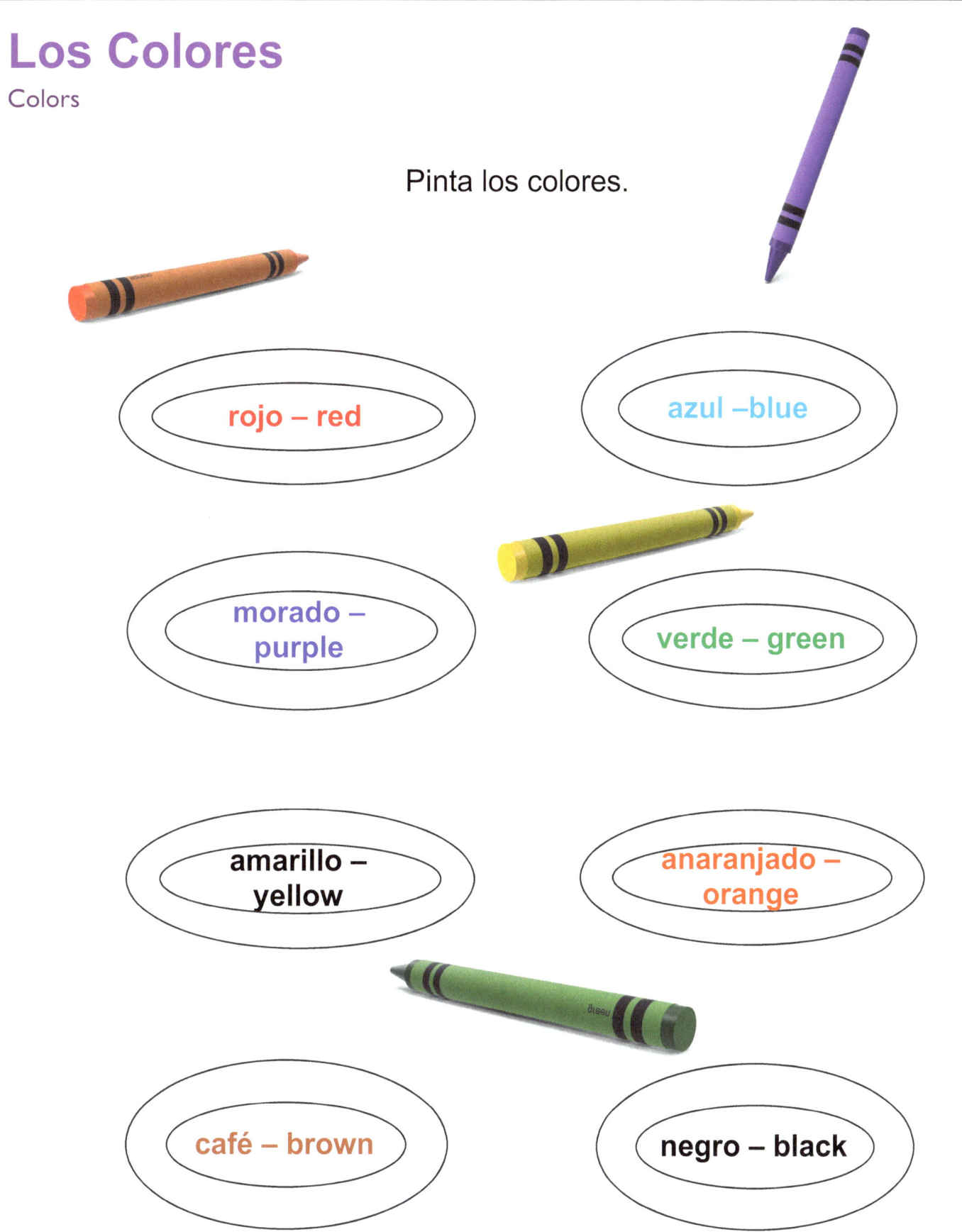

Feliz Cumpleaños
Happy Birthday

¿Cuántos años tienes?

Dibuja las velas. Decora el pastel.

Los Osos
Bears

Pon el número correcto.

1. ¿Cuál oso es negro?
2. ¿Cuál oso se come la miel?
3. ¿Cuál oso se levanta?
4. ¿Cuál oso se sienta en una silla?
5. ¿Cuál oso es azul?

¡Listos! Elementary Spanish

La Comida
Food

Vamos de compras.

Gracias / De Nada
Thank you / You're Welcome

El pavo tiene _____ plumas.

Tienes dos plumas _____

¡Listos! Elementary Spanish

Medios de Transporte
Transportation

1. autobús
2. avión
3. camión
4. carro
5. carro de bomberos
6. tren

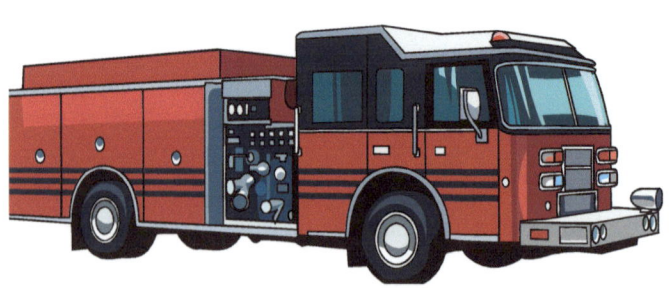

Rápido y Lento
Fast and Slow

Escribe la palabra correcta.

El Invierno
Winter

Hace frío en el invierno.

Cuenta las pelotas de nieve.

¿Cuántas son? _____

Los Juguetes
Toys

Guarda los juguetes. Escucha.

Quiero

I want

Pregunta a tus compañeros y dibuja. ¿Quieres amarillo, rojo o verde?

Quiero _____.

¿Qué tiempo hace?
What's the weather like?

Hace frío.
Hace calor.

La Ropa
Clothes

blusa
botas
camisa
camiseta
chaqueta
pantalones
pantalones cortos
suéter
traje de baño
vestido
zapatos

Encierra en un circulo la ropa que usas en el verano.
Encierra en un cuadrado la ropa que usas en el invierno.

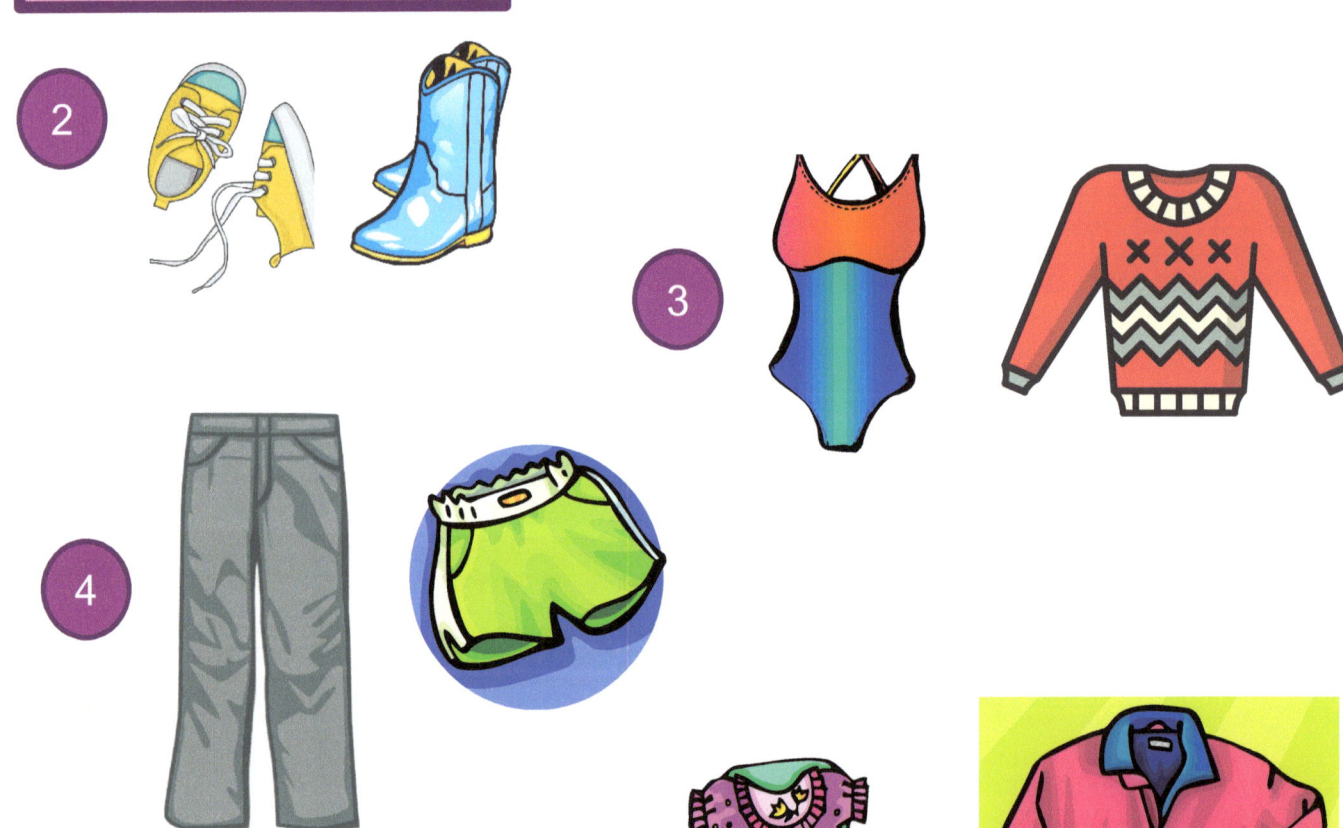

La Escuela
School

¡Vamos a la escuela!

En mi escuela hay …

- _____ un borrador
- _____ un crayón
- _____ un lápiz
- _____ un libro
- _____ papel
- _____ pegamento
- _____ tijeras

1.
2. 
3. 
4. 
5. 
6. 
7. 

¡Listos! Elementary Spanish

El Salón de Clase
Classroom

¿Quién lo tiene? Escucha y dibuja.

Escribe, lee, corta, pinta y dibuja.
Write, read, cut, color and draw.

Escribe el número.

Las Bebidas
Drinks

agua
jugo
leche
refresco

Mi Familia
My Family

la mamá
el papá
el abuelo
la abuela
mi hermano(a)
Yo
el gato
el perro

Dibuja tu familia.

La Semana
Week

Dibuja una línea del día al juguete.

lunes

martes

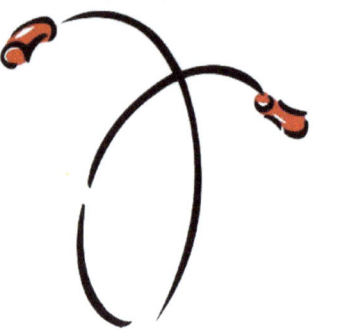

miércoles

jueves

viernes

sábado

domingo

Tengo hambre
I'm hungry

Dibuja una línea a la comida.

Quiero comer papas fritas.

Practica con un compañero.

¡Listos! Elementary Spanish

Tengo sed.
I'm thirsty.

jugo

leche de chocolate

un refresco

agua

leche

Quiero _____

Buenos Días / Buenas Noches
Good Morning / Goodnight

La Primavera
Spring

Pinta la flor y las hojas.

la primavera

Las Estaciones
Seasons

Escribe y dibuja las estaciones.

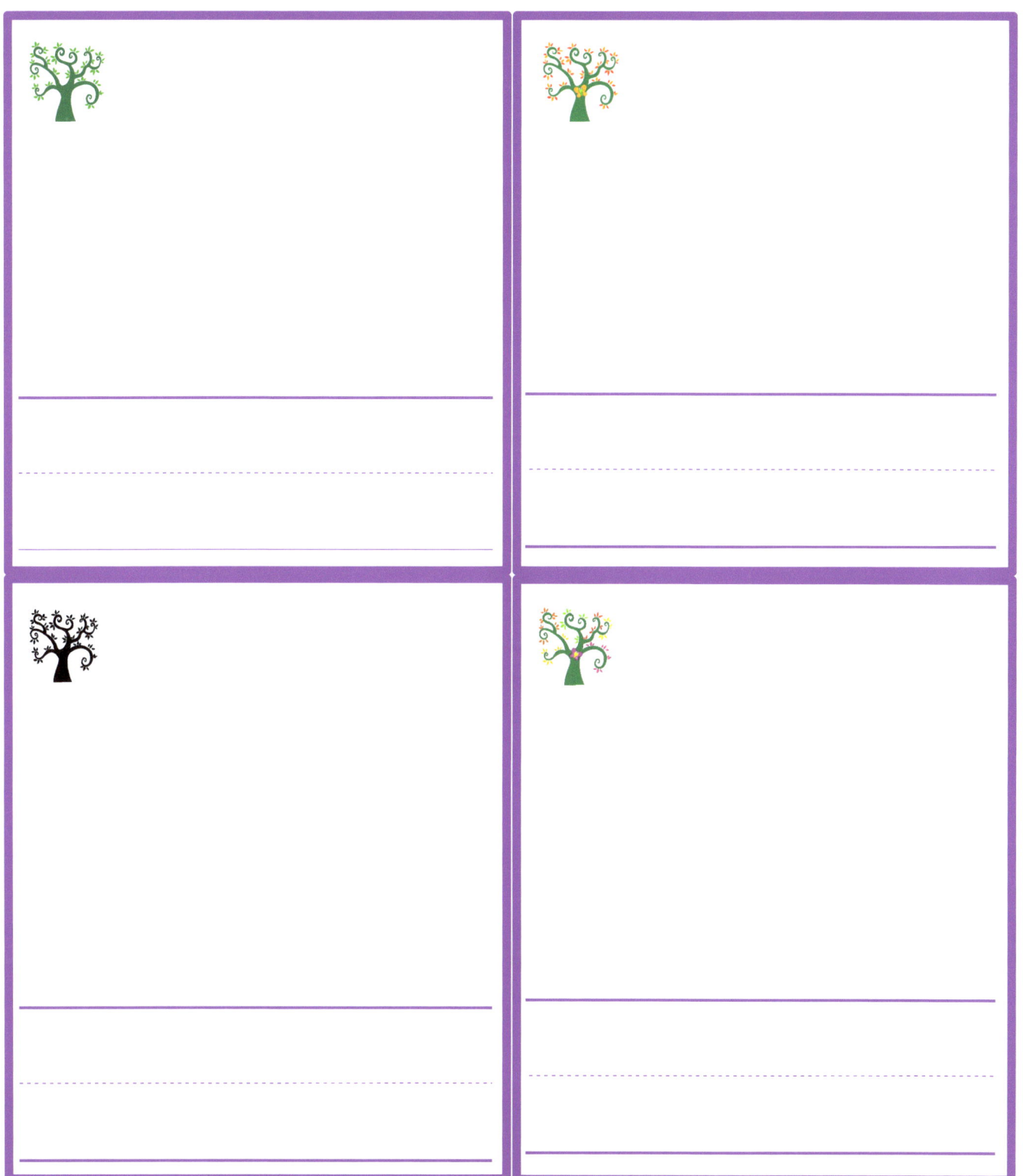

La Casa
House

1. la sala
2. mi cuarto
3. la recámara principal
4. el baño
5. la cocina
6. el comedor

Dibuja algo que pertenece a cada cuarto.

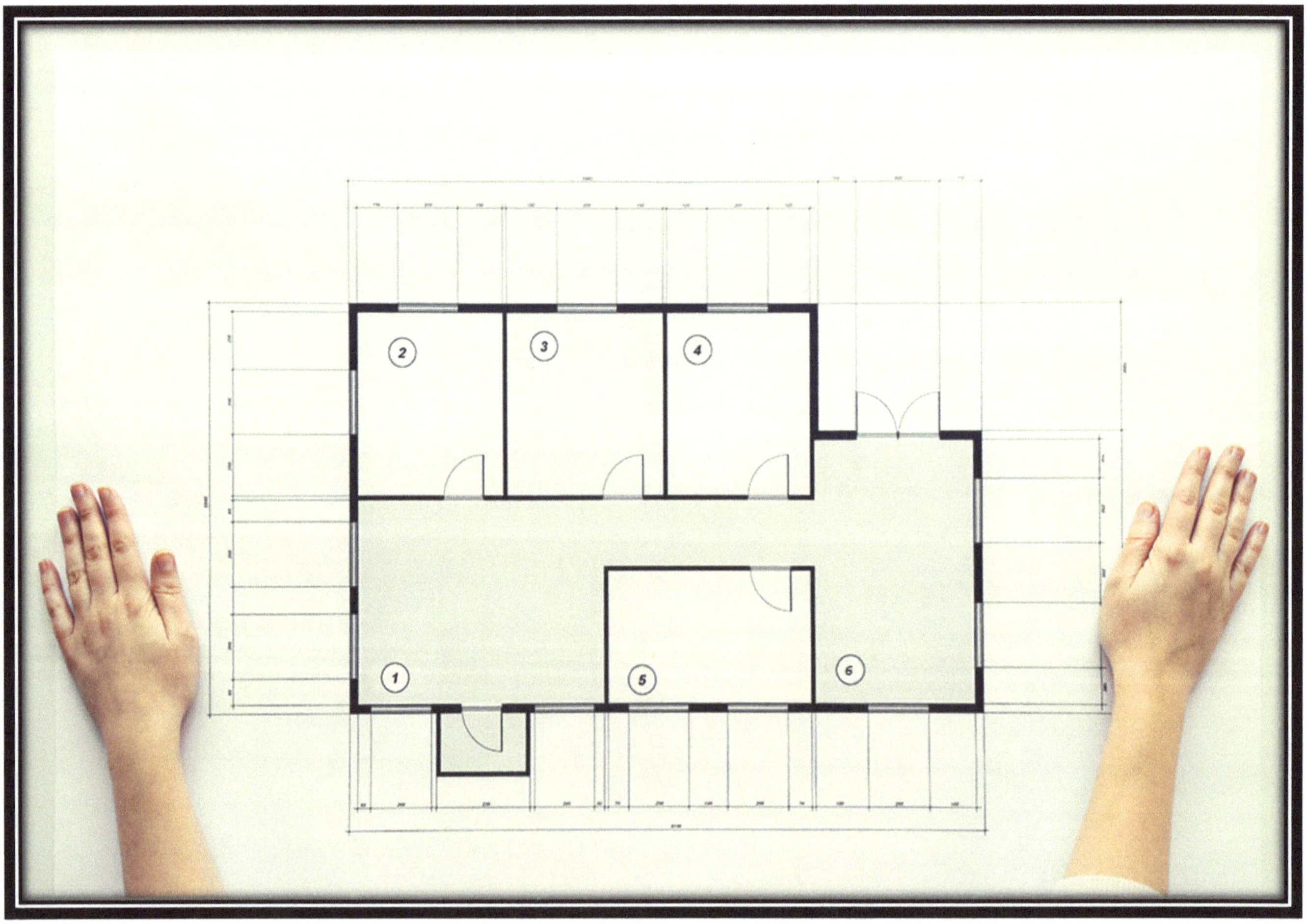

Puedo / No Puedo
I can / I can't

¿Puedes? o ¿No puedes?
Marca con una paloma.

Jugar basquetbol en la cocina.

☐ Puedo   ☐ No puedo

Peinarte en el baño.

☐ Puedo   ☐ No puedo

Practica con tu compañero.

- Vestirte en la recámara principal.
- Ver televisión en la sala
- Saltar a la cuerda en la cama.
- Comer en tu cuarto.
- Jugar videojuegos en el comedor.

¡Listos! Elementary Spanish

¿Comida o Bebida?
Food or Drink?

Si es una comida, pon la letra C.
Si es una bebida, pon la letra B.

Vamos a jugar
Let's play

_____ Jugar a la rayuela
_____ Jugar juegos de mesa
_____ Jugar ping pong
_____ Jugar videojuegos
_____ Saltar la cuerda

1

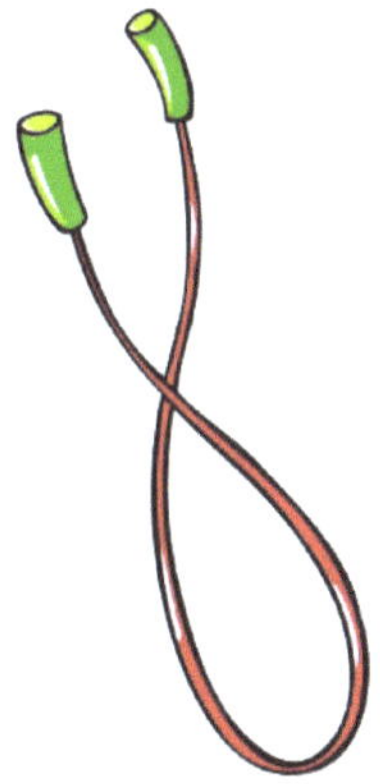

2

3

4

5

¡Listos! Elementary Spanish

Vocabulario en Orden Alfabético
Vocabulary in Alphabetical Order

abre – open
abuela – grandma
abuelo – grandpa
acciones – actions
adiós – goodbye
agua – water
amarillo – yellow
amiga – friend (girl)
amigo – friend (boy)
anaranjado – orange
apio – celery
aplaude – clap
autobús – bus
avión – airplane
azul – blue
baila – dance
baja – lower
barco – boat
bebidas – drinks
bicicleta – bicycle
bien – good
blanco – white
blusa – blouse
boca – mouth
borrador – eraser
botas – boots
botella – bottle
brazo – arm
brinca – jump
Buenas noches – Goodnight
Buenas tardes – Good afternoon
Buenos días – Good morning
cabello – hair
cabeza – head
café – brown
calcetines – socks
camina – walk
camisa – shirt
carro – car
carro de bomberos – fire engine
casa – house
castillo – castle

chaqueta – jacket
cierra – close
cinco – five
círculo – circle
color – color
come – eat
comida – food
¿Cómo estás? – How are you?
¿Cómo se llama? – What is his / her name?
¿Cómo te llamas? – What is your name?
compañero – partner
corre – run
corto – I cut
crayones – crayons
¿Cuál? – Which?
¿Cuántos (as)? – How many? / How much?
¿Cuántos años tienes tú? – How old are you?
cuatro – four
cuerpo – body
cumpleaños – birthday
da la vuelta – turn
De nada. – You are welcome.
dedos – fingers and toes
derecha – right
dibuja – draw
diez – ten
domingo – Sunday
dónde – where
dos – two
duerme – sleep
el / la – the
elote – corn
Es _____. It is _____.
Es de Julia. – It's Julia's.
escribe – write
escucha – listen
escuela – school
español – spanish
estaciones - seasons
estómago – stomach
estudiar – study
falda – skirt

familia – family
¡Feliz Cumpleaños! – Happy Birthday!
fiesta – party
fresas – strawberries
fruta – fruit
gato – cat
globo – balloon
Gracias. – Thank you.
grande – big
ir de vacaciones – go on a vacation
habla – talk
Hace buen tiempo. – The weather is good.
Hace calor. – It's hot.
Hace frío. – It's cold.
Hace mal tiempo. – The weather is bad.
Hace sol. – It's sunny.
Hace viento. – It's windy.
hermana – sister
hermano – brother
¡Hola! – Hello!
hombros – shoulders
invierno – winter
izquierda – left
jamón – ham
juego – game
jueves – thursday
jugar deportes – play sports
jugo – juice
juguete – toy
lápiz – pencil
lava – wash
leche – milk
lee – read
leer – read
lento – slow
levanta la mano – raise your hand
levántate – stand up
libro – book
limón – lemon
limpia todo – clean up everything
listos – ready, clever, bright, smart, sharp, intelligent
¿Llevas ____? – Are you wearing ____?
Llueve. – It's raining.
Llevo ____. – I am wearing ____.
los dedos del pie – toes
lunes – Monday
maestra – teacher (female)

maestro – teacher (male)
mal – bad
mamá – mom
mano – hand
mantequilla de cacahuate – peanut butter
manzana – apple
marcador – marker
martes – Tuesday
Más o menos. – More or less.
Me gusta ____. – I like ____.
Me gusta comer. – I like to eat.
Me llamo ____. – My name is ____.
mediano – medium
medios de transporte – transportation
mesa – table
Mi favorito es ___. – My favorite is ___.
miércoles – Wednesday
mira – look
morado – purple
motocicleta – motorcycle
muéstrame – show me
muévete – move
música – music
muy – very
nadar – swim
naranja – orange
nariz – nose
negro – black
nieve – snow
niña – girl
niño – boy
No me gusta ____. – I don't like ____.
No me gusta comer ___. – I don't like to eat ___.
No puedo. – I can't.
nueve – nine
número – number
ocho – eight
ojo – eye
oreja – ear
osito de peluche – Teddy bear
oso – bear
otoño – autumn / fall
palabra – word
paleta – lollipop
pan – bread
pantalones – pants
papá – dad

papa – potato
papel – paper
paraguas – umbrella
pegamento – glue
peine – comb
pelo – hair
pelota – ball
pequeño – small
pera – pear
perro – dog
pie – foot
pierna – leg
pijama – pajamas
piñata – pinata
pinta – color
pizarra – blackboard
pon – put
practica – practice
pregunta – question
primavera – spring
Puedo. – I can.
¿Qué? – What?
¿Qué color es? – What color is it?
¿Qué es? – What is it?
¿Qué falta? – What's missing?
¿Qué número es? – What number is it?
¿Qué tengo yo? – What do I have?
¿Qué tiempo hace? – What is the weather like?
queso – cheese
¿Quién? – Who?
¿Quién es? – Who is it?
¿Quién tiene _____? – Who has _____?
quiero – I want
Quiero comer. – I want to eat.
rápido – fast
refresco – soda
regalo – gift / present
regla – rule
repite – repeat
rey – king
rodillas – knees
rojo – red
ropa – clothes

sábado – Saturday
saca – take out
salón de clase – classroom
salta – jump
sandía – watermelon
Se llama _____. – His / her name is _____.
seis – six
semana – week
Sí. – Yes.
siéntate – sit down
siete – seven
silencio – silence
silla – chair
sombrero – hat
suéter – sweater
teléfono – telephone
Tengo _____ años. – I am _____ years old.
Tengo calor. – I'm hot.
Tengo frío. – I'm cold.
Tengo hambre. – I'm hungry.
Tengo sed. – I'm thirsty.
Tengo sueño. – I'm sleepy.
tijeras – scissors
toca – touch
tomate – tomato
tráeme – bring me
traje de baño – bathing suit
tren – train
tres – three
uno – one
uvas – grapes
Vamos a contar. – Let's count.
Vamos a jugar. – Let's play.
verano – summer
verde – green
verduras – vegetables
vestido – dress
viernes – Friday
vocales – vowels
word – la palabra
Yo tengo ___ años. – I am ___ years old.
zanahoria – carrot
zapatos – shoes

Vocabulario en inglés al español

English to Spanish Vocabulary

actions – las acciones
airplane – avión
apple – la manzana
Are you wearing____? – ¿Llevas ____?
arm – el brazo
autumn / fall – el otoño
bad – mal
ball – la pelota
balloon – el globo
bathing suit – el traje de baño
bear – el oso
bicycle – la bicicleta
big – grande
birthday – el cumpleaños
black – negro
blackboard – la pizarra
blouse – la blusa
blue – azul
boat – el barco
body – el cuerpo
book – el libro
boots – las botas
bottle – la botella
boy – el niño
bread – el pan
bring me – tráeme
brother – el hermano
brown – café
bus – el autobús
car – el carro
carrot – la zanahoria
castle – el castillo
cat – el gato
celery – el apio
chair – la silla
cheese – el queso
circle – círculo
clap – aplaude
classroom – el salón de clase
close – cierra
clothes – la ropa
color – el color

color – pinta
comb – el peine
corn – el elote
crayons – los crayones
dad – el papá
dance – baila
dog – el perro
draw – dibuja
dress – el vestido
drinks – las bebidas
ear – la oreja
eat – come
eight – ocho
eraser – el borrador
eye – el ojo
family – la familia
fast – rápido
fingers and toes – los dedos
fire engine – el carro de bomberos
five – cinco
food – la comida
foot – el pie
four – cuatro
Friday – el viernes
friend (boy) – el amigo
friend (girl) – la amiga
fruit – la fruta
game – el juego
gift / present – el regalo
girl – la niña
glue – pegamento
go on a vacation – ir de vacaciones
good – bien
Good afternoon – Buenas tardes
Good morning – Buenos días
Goodbye – adiós
Goodnight – Buenas noches
grandma – la abuela
grandpa – el abuelo
grapes – las uvas
green – verde
hair – el cabello

hair – el pelo
ham – el jamón
hand – la mano
Happy Birthday! – ¡Feliz Cumpleaños!
hat – el sombrero
head – la cabeza
Hi! / Hello! – ¡Hola!
His / Her name is ____. – Se llama ____.
How are you? – ¿Cómo estás?
How many? / How much? – ¿Cuántos(as)?
How old are you? – ¿Cuántos años tienes tú?
I am___ years old. – Tengo ___ años.
I can. – puedo.
I can't. – No puedo.
I don't like _____. – No me gusta _____.
I don't like to eat ___. – No me gusta comer ___.
I like _____. – Me gusta _____.
I like to eat. – Me gusta comer.
I want – quiero
I want to eat. – Quiero comer.
I am wearing _____. – Llevo _____.
I'm cold. – Tengo frío.
I'm hot – Tengo calor.
I'm hungry. – Tengo hambre.
I'm thirsty – Tengo sed.
I'm sleepy. – Tengo sueño.
It is_____. – Es _____.
It's cold. – Hace frío.
It's hot. – Hace calor.
It's Julia's. – Es de Julia.
It's raining. – Llueve.
It's sunny. – Hace sol.
It's windy – Hace viento.
jacket – la chaqueta
juice – el jugo
jump – brinca
jump – salta
king – el rey
knees – las rodillas
left – izquierda
leg – la pierna
lemon – el limón
Let's count. – Vamos a contar.
Let's play. – Vamos a jugar.
limpia todo – clean up everything
listen – escucha

lollipop – la paleta
look – mira
lower – baja
marker – el marcador
medium – mediano
milk – la leche
mom – la mamá
Monday – el lunes
More or less. – Más o menos.
motorcycle – la motocicleta
mouth – la boca
move – muévete
music – música
My favorite is ___. – Mi favorito es ___.
My name is _____. – Me llamo _____.
nine – nueve
nose – la nariz
number – el número
one – uno
open – abre
orange – anaranjado
orange – la naranja
pajamas – el pijama
pants – los pantalones
paper – el papel
partner – compañero
party – la fiesta
peanut butter – mantequilla de cacahuate
pear – la pera
pencil – el lápiz
pinata – la piñata
play sports – jugar deportes
potato – la papa
practice – practica
purple – morado
put – pon
question – la pregunta
raise your hand – levanta la mano
read – lee
read – leer
ready, clever, bright, smart, sharp, intelligent – listos
red – rojo
repeat – repite
right – derecha
rule – la regla
run – corre
Saturday – el sábado

school – la escuela
scissors – las tijeras
seasons – las estaciones
seven – siete
shirt – la camisa
shoes – los zapatos
shoulders – los hombros
show me – muéstrame
silence – silencio
sister – la hermana
sit down – siéntate
six – seis
skirt – la falda
sleep – duerme
slow – lento
small – pequeño
snow – nieve
socks – los calcetines
soda – el refresco
Spanish – el español
spring – la primavera
stand up – levántate
stomach – el estómago
strawberries – las fresas
study – estudiar
summer – el verano
Sunday – el domingo
sweater – el suéter
swim – nadar
table – la mesa
take out – saca
talk – habla
teacher (female) – la maestra
teacher (male) – el maestro
Teddy bear – el osito de peluche
telephone – teléfono
ten – diez
Thank you. – Gracias.
The – el / la
The weather is bad. – Hace mal tiempo.
The weather is good. – Hace buen tiempo.
three – tres

Thursday – el jueves
toes – los dedos del pie
tomato – el tomate
touch – toca
toy – el juguete
train – el tren
transportation – medios de transportes
Tuesday – el martes
turn – da la vuelta
two – dos
umbrella – el paraguas
vegetables – las verduras
very – muy
vowels – las vocales
walk – camina
wash – lava
water – agua
watermelon – la sandía
Wednesday – el miércoles
week – la semana
What color is it? – ¿Qué color es?
What do I have? – ¿Qué tengo yo?
What is his / her name? – ¿Cómo se llama?
What is it? – ¿Qué es?
What is missing? – ¿Qué falta?
What is the weather like? – ¿Qué tiempo hace?
What is your name? – ¿Cómo te llamas?
What number is it? – ¿Qué número es?
What? – ¿Qué?
Where? – ¿Dónde?
Which? – ¿Cuál?
white – blanco
Who has _____? – ¿Quién tiene _____?
Who is it? – ¿Quién es?
Who? – ¿Quién?
winter – el invierno
word – la palabra
write – escribe
yellow – amarillo
Yes. – Sí.
You're welcome. – De nada.

¡Listos! Elementary Spanish

Mis Palabras Favoritas
My Favorite Words

www.ingramcontent.com/pod-product-compliance
Lightning Source LLC
Chambersburg PA
CBHW040100160426
43193CB00002B/29